Des parfums regrettés

Charles Exbrayat

Des parfums regrettés

RÉCIT

Albin Michel

© Éditions Albin Michel S.A., 2000
22, rue Huyghens, 75014 Paris

www.albin-michel.fr

ISBN 2-226-12038-6

A mon frère, Robert Exbrayat,
mon ultime témoin,
et aux ombres chères qui,
peut-être, nous attendent.

C. E.

« Qui n'a cru respirer dans la fleur renaissante
Les parfums regrettés de ses premiers printemps ? »

Marceline DESBORDES-VALMORE.

Prologue

Le médecin, ayant terminé son examen, releva sa tête ronde au poil gris et s'adressant, d'une voix où grondaient des résonances de glas, à ma mère qui me rhabillait, décréta :

– Celui-là, madame, vous ne l'élèverez pas.

J'avais cinq ans, c'était en 1911.

« Si notre vie est vagabonde, notre mémoire est sédentaire. »

M. Proust, *Albertine disparue.*

Chaque samedi soir, vers neuf heures, les principales artères de Saint-Étienne – déjà noyées dans la nuit de la mauvaise saison ou encore illuminées des derniers feux d'un soleil printanier – étaient parcourues par une « retraite » militaire. La clique du 38ᵉ d'infanterie, précédée de porteurs de torches et suivie de soldats ayant le fusil sur l'épaule, faisait longuement résonner des accents guerriers entre les façades des belles maisons bourgeoises. Derrière la troupe et marchant comme elle au pas cadencé, allaient, toutes classes sociales confondues, les Stéphanois militaristes, armés de cannes ou de bâtons pour cogner, le cas échéant, sur les badauds qui se permettraient de siffler

13

Des parfums regrettés

l'armée ou négligeraient de se découvrir au passage du drapeau. Les notes entraînantes de
Sambre et Meuse ou de *La Marche lorraine* gal-
vanisaient les citoyens les plus paisibles qui,
chaque fin de semaine, le jarret tendu, le torse
cambré, se figuraient partir à la reconquête de
l'Alsace et de la Lorraine, les provinces perdues.

Ce fut juste au moment où la retraite passait
sous nos fenêtres, place Marengo, que ma mère
— sans doute entraînée par les accents martiaux
venant jusqu'à elle —, dans un dernier cri et
une ultime poussée, me mit au monde. Je ne
pense pas que le fracas des tambours et des clairons ait atténué en rien les souffrances maternelles. En ce temps-là, on accouchait chez soi,
dans le grand lit familial, entouré des femmes
de la parentèle, les hommes attendant derrière
les portes closes, en guettant les vagissements
qui déclencheraient leur invasion. Ceux et
celles qui se trouvaient là tombèrent d'accord
pour estimer qu'une arrivée sur terre dans un
tel climat ne pouvait être que le lointain pro-

logue d'une éblouissante carrière militaire. C'était là la première de ces erreurs de diagnostic qui devaient m'empoisonner, plus ou moins, l'existence. Durant mes incursions obligées dans le monde de l'armée, je ne dépassai jamais, en effet, le très modeste grade de brigadier d'artillerie.

Mon aventure personnelle sur cette terre commença donc sous le signe du taureau, le 5 mai 1906, dans une France où s'éteignaient les derniers lampions de la Belle Époque. Cette année-là, avec sa drôle de machine, Santos-Dumont effectue quelques sauts de puce à Bagatelle, Boni de Castellane, en épousant l'Américaine Gould, remet en honneur le plus vieux et le plus sûr moyen de s'enrichir, Dreyfus est réhabilité à la grande colère de l'état-major, Paul Pons et Raoul le Boucher, lutteurs célèbres, attirent un public enthousiaste, Pottier gagne le Tour de France, qui n'en est qu'à ses balbutiements. Mais, toujours la même année, mille deux cents mineurs trouvent la

Charles Exbrayat enfant.

mort dans la catastrophe de Courrières et, au-delà des mers, deux mille Américains disparaissent au cours du tremblement de terre de San Francisco.

J'ai eu la chance d'avoir une maman jolie et tenue pour telle par la bonne société stéphanoise. Je dis « la chance » car le garçonnet qu'on vient chercher à la sortie de la classe et qui entend ses camarades lui dire : « Qu'est-ce qu'elle est chouette, ta mère ! » goûte un plaisir rare où se mêlent l'orgueil, la tendresse et l'instinct de possession. Grenobloise, l'auteur de mes jours était fille d'un officier mort très jeune en Afrique du Nord. Naturellement, elle avait été élevée chez les religieuses, à la fin du siècle précédent et, de ce fait — les braves filles ne pouvant donner ce qu'elles ne possédaient pas —, était de savoir court. Cependant, point sotte, maman sut parfaitement tenir sa place dans le milieu bourgeois qu'elle fréquentait, monde clos où la majorité des femmes ne se montraient pas d'une richesse intellectuelle supérieure à la sienne. Dans cette société qui s'était enrichie par le travail, on demeurait alors fort proche des origines et l'importance des comptes bancaires ne masquait pas toujours certaines rusticités.

Ainsi que ses amies, ma mère avait « son » jour (le mercredi, je crois), où elle recevait celles-ci. On se bourrait de gâteaux, de petits-fours, en vidant une bouteille de malaga. Ces dames se souciaient peu, alors, de leur ligne et offraient à leurs époux des académies fort éloignées de celles des androgynes actuels. Une diététique qui horrifierait nos contemporains, une médecine bien désarmée et une chirurgie encore aventureuse n'empêchaient pas nos génitrices de vieillir paisiblement tandis que leurs époux, trop sujets aux excès de table, échappaient difficilement à l'apoplexie et à l'attaque qui les foudroyaient ou les réduisaient à l'impuissance.

Des parfums regrettés

Je n'ai jamais compris pourquoi maman avait épousé papa que la nature n'avait pas comblé physiquement. Plus petit que celle qui allait devenir sa femme, il était du genre malingre. D'ailleurs, je l'ai sans cesse vu malade. Je suppose que cette union fut le fruit d'une de ces combinaisons arrangées par ces espèces d'araignées qu'on rencontrait dans tous les milieux : les marieuses. Ma future mère s'apprêtait tristement à coiffer Sainte-Catherine. Elle était pratiquement dépourvue de dot et possédait cette ignorance extraordinaire des choses de la vie, montrant à quel point les filles du XIXe siècle finissant étaient tenues à l'écart de la réalité. En passant devant le maire et le curé, la jeune épousée ignorait souvent la façon dont on faisait les enfants. Heureusement que, sur ce sujet, mon père se voulait beaucoup mieux renseigné. Tout aussi démuni de fortune que celle dont il souhaitait devenir l'époux, il lui apportait, en guise de cadeau de mariage, un garçon de sept ans, mon demi-frère Jean.

Le père de Charles Exbrayat.

Des parfums regrettés

Il était le fils de Fanny G., une dame avec qui mon papa avait vécu assez longtemps. Elle était morte en lui laissant un gamin en souvenir. Je ne saurais dire de quelle façon cet apport inattendu fut accueilli par ma grand-mère. Quoi qu'il en soit, le voyage de noces de mes parents – en Bretagne – se fit à trois et je dus être conçu du côté de Pont-Aven, ce qui ne me donna pas, pour autant, le pied marin.

Ne pouvant trouver une autre explication que celle fournie par l'intéressée elle-même, force me fut d'admettre que ma mère, en dépit de son faible savoir, avait été subjuguée par la culture de mon futur papa, et par son esprit. Contrairement à ses fils, mon papa possédait ce bagage intellectuel commun à tous ceux qui, à la fin du XIXᵉ siècle, étaient passés par l'Université. Ayant d'abord enseigné la philosophie, papa, presque jusqu'à sa mort, mena de front une double carrière de professeur et de journaliste. Il appartenait à la rédaction du *Mémorial de la Loire* où l'on défendait avec une vigueur aveugle (au point de tenir Paul Déroulède pour poète) les idées et théories conservatrices. Cependant, il n'allait jamais à la messe, se contentant d'y envoyer les siens. Travailleur infatigable, mon père possédait une volonté de fer et un courage assez étonnant chez un homme que le moindre coup de poing un peu appuyé eût envoyé au sol. Sa force tenait à une intelligence sans cesse aux aguets. Les bourgeois de ce temps se montraient, dans leur ensemble, assez cultivés pour apprécier un bon mot. Papa était admiré et craint pour son art de définir, de façon souvent cruelle, celui de ses concitoyens qui lui avait déplu.

En trop mauvais état pour avoir fait son service militaire (très vite, il n'eut plus qu'un poumon), l'auteur de mes jours appartenait à la génération qui succéda aux vaincus de 1870. Il en resta marqué jusqu'à son dernier souffle. Chaque année, quand arrivait la belle saison, il s'en allait, seul, passer huit jours en Alsace et à ma mère qui l'interrogeait sur la raison de ses voyages annuels, il répondait :

— Pour leur montrer qu'on ne les oublie pas.

Ainsi que tous ceux approchant du terme de leur course, je pense souvent à mes parents et, l'expérience aidant, j'ai dû rectifier les jugements sévères de ma jeunesse. Sans doute, mes deux frères et moi avions une mère adorable, qui garda la jeunesse d'esprit d'une gamine jusqu'à son ultime et quatre-vingt-dixième printemps. Nous fûmes très vite trois garçons qui la faisions enrager (je crois que mon aîné est mort sans apprendre que notre maman n'était pas exactement la sienne). En réponse, elle nous distribuait gifles et coups de martinet, souvent à l'issue de courses homériques au long de corridors qui n'en finissaient pas et où s'ouvraient des sortes d'alcôves, constituant de merveilleuses cachettes. On ne se servait pas encore du gaz et de l'électricité, mais uniquement de la lampe à pétrole. Maman nous cherchait ou feignait de nous chercher en proférant d'horribles menaces auxquelles nous n'accordions pas le moindre crédit. Aujourd'hui, je soupçonne l'ombre maternelle d'avoir pris autant de plaisir que nous à ces raids se terminant même dans de tendres embrassades avec le triple et solennel engagement de ne jamais épouser, quand nous serions grands, une autre femme qu'elle.

Il me faut bien reconnaître que si ma mère avait été seule à nous élever, je ne sais pas ce que nous serions devenus. Heureusement, pour notre avenir, le père était là. Homme triste, rongé par la maladie qui ne lui laissait guère de repos, il se montrait envers autrui aussi dur qu'envers lui-même. Une seule chose l'exaltait : l'espoir de la revanche sur les Teutons qui nous avaient volé nos provinces de l'Est. Papa nous inspirait une telle crainte que le seul écho de son pas accélérait nos rythmes cardiaques et, pourtant, nous a-t-il jamais frappés ? Je n'en ai pas le souvenir. Il se contentait de punir, mais ses condamnations s'affirmaient sans rémission.

Des parfums regrettés

Mon père avait l'âme spartiate. Nous aimait-il ? Je ne sais pas. Il ne nous caressait jamais, nous parlait rarement sauf quand arrivaient les bulletins hebdomadaires ou les billets indiquant le nombre d'heures de retenue qu'il nous incomberait de faire au lycée, le jeudi ou le dimanche suivant. Papa ne grondait pas, ne criait pas, mais doublait automatiquement la durée du châtiment. Oh ! ces dimanches passés à essayer de retenir la liste des verbes irréguliers allemands... Et aucun secours à attendre de personne. En ces années lointaines, le monde des enfants était un monde clos, aussi clos que celui de la maladie où vivait mon père. De part et d'autre, on savait qu'il était inutile d'appeler à l'aide.

Remède à l'intransigeance paternelle, il y avait maman, le refuge suprême, maman déesse-mère du foyer envers qui nous nourrissions un culte fervent, proche de l'idolâtrie. Cela en un temps qui ne laissait pas présager la venue du M.L.F., un temps où les femmes

Mme Exbrayat et, de gauche à droite,
Charles, Robert et Jean.

ne se débarrassaient pas de leurs gosses dès l'âge de deux ans entre les mains de professionnelles de l'élevage. Nous vivions, en général, notre petite enfance dans les jupes de nos mamans qui savaient soigner nos maladies traditionnelles (j'allais écrire : obligées), n'ignoraient pas de quelle façon nous alimenter, comment nous enseigner les rudiments de la lecture et de l'écriture. Il est vrai qu'elles ne travaillaient pas, en général, non que la vie fût plus facile hier qu'aujourd'hui, mais parce qu'on avait moins de besoins. Les appareils ménagers n'existaient pas, une simple glacière ornait les cuisines des plus riches. Les maîtresses de maison étaient contraintes à rechercher, à inventer d'innombrables sortes de recettes culinaires pour sauver les denrées périssables. Dans la France du début du siècle, tout au long de l'échelle sociale, les ménagères s'affirmaient de parfaits cordons-bleus et, qu'elles fussent en train de préparer un ragoût de mouton ou un poulet chasseur, elles se voulaient les prêtresses de ce que mes amis

Des parfums regrettés

Troisgros appellent la grande cuisine bourgeoise. L'été, on passait les vacances dans un village de la montagne de chez nous et nul n'éprouvait le besoin de ruiner la trésorerie familiale en partant se balader du côté de Singapour ou de Los Angeles. Pendant des mois, nous souffrions assez de la neige pour ne pas désirer la retrouver, à grands frais, dans les Alpes voisines. A l'âge que j'ai et compte tenu de l'expérience acquise, je me demande si le vrai moyen d'atteindre au bonheur ne tient pas dans le refus de se soumettre aux nécessités inventées par les marchands et bientôt imposées par les mass media. Les garçonnets et les fillettes de la fin du XIXe siècle (qui s'acheva réellement le 2 août 1914) possédaient une merveilleuse imagination qui s'est anémiée au fil des générations par la faute du cinéma et de la T.V. Nous n'avions pas à faire des efforts pour rêver aux pays que nous ne verrions jamais. Monsieur Trigano n'existait pas.

Des parfums regrettés

Notre famille était riche de deux grands-mères, ombre blanche et ombre noire. La première, la douce, la tendre, se prénommait Louise. Je crois qu'elle était encore plus jolie que ma maman, sa fille. Au contraire de cette dernière, elle apparaissait sous l'aspect d'une petite femme, frêle et blonde. Les images que j'ai gardées d'elle sont celles d'une dame ayant dépassé la cinquantaine, ce qui, à l'époque, marquait la vieillesse. Deux fois veuve, elle s'engonçait dans des vêtements noirs où le jais triomphait. Son second mari travaillait au P.L.M. à Saint-Étienne, ce qui explique la rencontre de mes parents. Ce second mari a dû mourir vers 1910 et par l'entrebâillement d'une porte, j'ai pu surprendre l'atroce agonie de cet homme qui étouffait. Spectacle que j'eus longtemps sous les yeux et qui épouvantait souvent mon sommeil. Ce pépé si peu connu avait, lui aussi, donné une fille à mon aïeule Louise, ma tante Andrée qui avait l'âge de mon demi-frère

Jean. Ils étaient, l'un et l'autre, nés en 1899. Ma grand-mère, qui avait vu le jour à Grenoble, en 1853, avait donc vécu sa jeunesse entière sous le second Empire et elle m'énumérait les punitions dont l'accablaient ses parents lorsqu'elle rentrait de l'école des sœurs avec un ou plusieurs arceaux de sa crinoline brisés.

Mon autre grand-mère, Eugénie – née en 1838, sous Louis-Philippe –, était la méchanceté incarnée, méchanceté due à une jalousie qui ne cessait de la dévorer. Elle était jalouse de tout et de tout le monde. Le souvenir que j'ai d'elle est celui d'une vieille femme au visage menu et ratatiné, assombri par la capote maintenue sur les cheveux par des rubans de velours noir noués sous le menton. Elle était, hiver comme été, enfouie sous des masses de vêtements. Elle portait notamment une robe dont la traîne balayait le trottoir. Qu'il fît chaud ou froid, elle ne quittait jamais ses mitaines. J'ai encore rencontré, vers ma quinzième année, de vieux messieurs qui avaient connu Eugénie dans l'éclat de sa quarantaine. Il paraît qu'elle montrait alors un visage espiègle et possédait beaucoup de « chien », comme on disait alors. De ce rayonnement éphémère, je n'ai aperçu que les tristes restes à travers le regard acéré de petits yeux noirs. Eugénie avait épousé un magnifique officier de gendarmerie qui ne cessa de la tromper que le jour où une « attaque » le laissa impotent, cloué dans son fauteuil. La revanche de ma grand-mère fut atroce. Elle l'obligeait à manger ce dont il avait horreur et le giflait à toute volée quand il refusait la nourriture. Le pauvre homme décida – je pense – que plutôt que de supporter ce martyre, il était préférable de mourir. Dieu l'entendit sans doute et le rappela rapidement à Lui.

Cette colère latente qui lui gâtait l'humeur mais lui donnait l'envie de vivre le plus longtemps possible, Eugénie la retourna contre ses deux belles-filles qui se succédèrent auprès de son fils bien-aimé. Sans doute y avait-il encore sa sœur – ma grand-tante Armandine – mais celle-ci habitait Chanas, à la frontière de l'Isère et de l'Ardèche. De plus, elle n'avait pas la moindre occasion de la rencontrer. Enfin, elle la détestait depuis tant et tant d'années qu'Eugénie ne trouvait plus aucune saveur à une haine cuite et recuite. Dès lors, elle reporta toute sa hargne sur ma mère qui lui avait volé son garçon. Cette jalousie quasi démente, ma grand-mère en donna un témoignage éclatant à mon futur papa, le jour de ses noces. Tandis que les nouveaux mariés, à la sacristie de l'église Saint-Charles, recevaient félicitations et embrassades, la terrible Eugénie chuchota à l'oreille de son rejeton :

– Je suis toujours la première, hein ?

Maintenant que je repense à tout cela sans passion, je me dis que cette pauvre grand-mère avait dû être malheureuse pendant toute sa longue vie, à cause des autres d'abord, à cause d'elle-même ensuite. Elle fut son propre bourreau, payé par une solitude que les quelques visites qu'elle se permettait (le dimanche à

32

midi), à notre foyer, rendaient plus cruelle le reste de la semaine. Parce que, dans cette France d'autrefois, l'obéissance à la mère s'affirmait un précepte intangible, mon père ne prit jamais parti contre Eugénie pendant la guerre larvée ou éclatante qui, durant quinze ans, opposa ma mère et sa belle-mère. Sachant l'amour profond, presque maladif, que maman portait à ses enfants, c'est par eux que la vieille femme attaquait la paix de notre foyer, une paix dont elle souffrait à la façon d'une plaie qui ne cicatriserait pas. La politique de notre aïeule se révélait des plus simples. Elle consistait à provoquer grossièrement les chagrins des gosses, ce qui avait pour effet immédiat l'intervention de maman attirée par nos pleurs. D'où échange d'invectives et mon père, alerté à son tour, prenait la défense d'Eugénie. Je revois cette dernière, assise sur une chaise au coin de la cheminée, sortant de son sac deux pipes en sucre rouge et jaune, en feignant de se demander à haute voix :

— Je n'en ai que deux... A qui vais-je les donner ?

Les cris du frustré avaient tôt fait de déclencher la tempête dominicale.

En plus de mes deux grands-mères, la famille comptait une grand-tante, une arrière-grand-mère, un oncle et ma jeune tante, personnages qu'on retrouvera le moment venu.

Tous ces petits événements se déroulaient dans une de ces villes de province où il faisait bon vivre car on y regardait couler les jours comme dans un gros village. On sait cette espèce de société fraternelle que parviennent à créer — avec beaucoup de misères, de malheurs et de sang — les hommes et les femmes de la mine. Or le Saint-Étienne de mes débuts dans l'existence était une ville de mineurs, une ville noire ainsi que la réputaient ceux qui ne la connaissaient pas et, par là, ignoraient qu'à un quart d'heure du centre de la cité, au sud, la forêt (une des plus grandes de France) taquine les dernières maisons citadines, tandis qu'au nord s'ouvre la vaste plaine giboyeuse du Forez.

Armuriers, passementiers, mineurs, ouvriers « de fin » constituaient l'essentiel d'une population travailleuse très attachée au passé, une population libre, intelligente et qui n'était pas faite pour le travail à la chaîne. A travers les places, au long des rues, régnaient encore la mentalité et les mœurs paysannes. La foi des anciens temps demeurait vive, on allait à la messe même si, en sortant de l'office, on buvait quelques canons en vantant les bienfaits de l'anarchie dont chacun, en son particulier, avait horreur. L'émancipation féminine – qu'on fût prolétaire, bourgeois ou gentilhomme – était tenue pour plaisanterie d'un goût douteux.

La société bourgeoise n'était ni gourmée ni close. La plupart de ces fondateurs de dynasties usinières ou commerçantes avaient eu pour père de simples ouvriers qui, à force de travail

Saint-Étienne au début du siècle. (Roger-Viollet)

et d'intelligence inventive, s'étaient élevés dans l'échelle sociale. Alors, tout était à créer ou, plus simplement, à perfectionner. Les boutiquiers avaient cette familiarité due, dans les cités de moyenne importance, à une connaissance approfondie de la clientèle, connaissance qui, souvent, s'étendait sur plusieurs générations. Les vieux Stéphanois se rappellent sûrement Mademoiselle Nini qui, pendant un demi-siècle, fit et imposa sa loi chez le plus connu des pâtissiers d'alors, Roure, place de l'Hôtel-de-Ville.

Quant aux professions libérales, c'était l'époque heureuse, honnête, du médecin de famille qui passait à la maison sans y avoir été appelé, uniquement pour se rendre compte de l'état de santé de clients devenus des amis. Le docteur, à la fin de l'année, envoyait un relevé d'honoraires qu'on lisait rarement, qu'on ne discutait jamais. Chaque clan avait son notaire auquel le fils succédait et qui, tous deux, n'ignoraient rien des drames secouant leur

clientèle. Quant aux enseignants, ils s'affirmaient d'un dévouement, d'une moralité à
toute épreuve. Les instituteurs de l'époque exerçaient leur métier à la façon d'un sacerdoce. Les
enfants de ce temps-là lisaient des livres de
morale où on leur apprenait qu'il était abominable de voler, qu'il fallait respecter ses parents
et aimer sa patrie. Un pareil enseignement fait,
aujourd'hui, hausser les épaules des esprits forts
et, pourtant, ce furent les instituteurs de ce
temps qui firent la France de 1914, laquelle eut
assez de courage et assez d'attachement à la
liberté pour ne pas baisser les bras dans les
moments les plus difficiles.

Il existait encore quelques modestes gentils-
hommes restés à la terre et ne sortant de leurs
domaines qu'à l'occasion de mariages, d'enter-
rements ou de concours hippiques. Ils partici-
paient aussi aux grandes fêtes religieuses, mais
ignoraient les réjouissances populaires du genre
14 juillet, faisaient profession de mépriser la
République – la Gueuse – et, pourtant, ils

38

devaient se faire massacrer quelques années plus tard, pour la sauver.

Un des charmes les plus attachants du Saint-Étienne de ce temps-là tenait à ces petits métiers dont ceux qui les exerçaient couraient les rues dès le début de la matinée. L'absence de circulation automobile (et pour cause) livrait les artères citadines à la seule traction chevaline. Il régnait, alors, sur la cité, un silence dont les jeunes d'aujourd'hui ne peuvent avoir aucune idée. Ce n'était, cependant, pas un silence d'engourdissement, mais un silence troué d'échos humains : la sonnette du marchand de charbon, le cri sans cesse répété du patère ou chiffonnier, l'appel du vitrier, du raccommodeur de faïence et de porcelaine et, à la belle saison, le flûtiau du vendeur des fromages de chèvre qui déambulait dans les rues entouré de ses biquettes, ou bien encore le grognement du vieux bonhomme vous offrant des myrtilles dont les bouquets pendaient, attachés au long d'une perche qu'il portait sur l'épaule à la façon du coolie asiatique transportant ses seaux emplis d'eau ou de terre. Sur la place Marengo où la bonne m'emmenait jouer (à un endroit précis que ma mère pouvait surveiller de sa fenêtre), chantaient le marchand de ballons retenant captive une troupe prête à l'envol, le vendeur de moulins en carton dont le vent faisait tourner les ailes, la trompette de la matrone tenant par la bride un âne minuscule attelé à une sorte de charrette anglaise où, moyennant un ou deux sous, on pouvait monter et effectuer le tour de la moitié de la place située à l'ouest de la Grand-Rue. Une vieille fille ou une veuve, sévèrement vêtue et ayant l'œil, venait vous réclamer, au cours d'interminables rondes les deux sous de location de la chaise. On chantonnait et bavardait beaucoup. Après cinq heures, on se hâtait de rentrer car c'était le moment où les soldats – dragons du 14e et fantassins du 38e – se répandaient dans la ville et nul n'ignorait la passion des militaires pour les bonnes d'enfants. On a beaucoup glosé sur cette attirance réciproque qui tenait, à mon sens, à ce que ces braves filles, ainsi que les pioupious les courtisant, venaient de la campagne. Ils savaient se parler, ils se comprenaient et bâtissaient un avenir qui prendrait naissance quand le gars serait libéré du service.

Toutefois, ce qui éveillait le plus mon attention était, au matin, le ballet des balayeurs municipaux et, le soir, le défilé solennel, presque hiérarchique, des allumeurs de becs de gaz que je ne voyais jamais éteindre les lumières, pour l'excellente raison que je dormais lorsque ces fonctionnaires remplissaient leur mission matinale. Parmi toutes ces petites gens animant nos rues et nos places, les bourgeois déjà sur l'âge ressentaient une faiblesse particulière pour les « porteuses de cartons » dont ils lorgnaient les chevilles apparaissant sous leurs robes longues, quand elles les troussaient légèrement pour monter ou descendre d'un trottoir, éviter une flaque d'eau. Ces demoiselles s'habillaient de vêtements clairs

Des parfums regrettés

(parfois d'uniformes fournis par leurs patrons). Elles avaient, sur la tête, des plateaux extrêmement légers où l'on empilait les cartons (où on enroulait des rubans-échantillons qu'on offrirait à la clientèle) de toutes dimensions, assemblés en des pyramides tenues par des ficelles. Gracieuses, fines, rieuses dans leur démarche, ces filles faisaient revivre au long des rues de la vieille cité les grâces perdues du XVIIIe siècle.

Ce monde, évanoui dans une absence sans limite, montrait encore autre chose qui ancrait le Stéphanois dans sa ville et le faisait reconnaître partout quand il s'en éloignait : son accent et sa langue.

Notre accent est lourd. Le son *a* traîne et s'écrase entre nos lèvres. Par là, nous sommes beaucoup plus proches des Languedociens que des Franco-Provençaux, auxquels appartiennent les Lyonnais. Évidemment, l'intensité de l'accent croît au fur et à mesure qu'on descend au plus profond des couches populaires mais, en dépit de ses efforts, la bourgeoisie n'a pu s'en défaire, si amenuisé qu'il soit.

Quant à la langue – le gaga –, jadis uniquement parlée, c'est une langue créée pour des gens rudes, peu rompus aux subtilités des nuances. Ils utilisaient des mots exprimant bien ce qu'ils voulaient dire, des vocables faisant image et donc faciles à retenir. Ni l'école ni l'université – heureusement – n'ont réussi à nous dépouiller complètement de cette richesse où, par l'intermédiaire des domestiques, des petits commerçants, on baignait dès l'enfance. L'école – quoi qu'on en ait pu prétendre – n'était pas ouverte qu'aux riches. Elle voyait arriver – à chaque rentrée d'octobre – un lot de fils d'artisans, de contremaîtres, de mineurs ayant échappé à la mine, avec leur savoureux bagage de vocabulaire « gaga » que nous nous figurions être français à force de l'avoir entendu et employé.

Comment mieux traduire l'accident de celui

qui, les mains encombrées, tombe de tout son long sur le ventre et le nez, que par le verbe « s'applater ». Si on « appinche » quelqu'un, c'est qu'on le surveille étroitement. La ménagère qui ne parvient pas à terminer sa tâche ménagère affirme qu'elle « n'abonde pas ». Les amoureux sont « achinés » l'un à l'autre. Poser un objet de travers, c'est le placer « de bisangoin ». Les bavardes sont les « babièles », les « bartavelles » qui « bajassent » à perdre haleine. Quand on « broge », c'est qu'on a le cafard, que nous appelons le « babaud » ou « mâcle ». Petit à petit, c'est à « châ peu ». Lorsqu'on a beaucoup mangé, on se déclare « coufle ». Pour les vieux qu'une bronchite chronique fait tousser sans répit, ils « carcamèlent ». Arrivés à l'âge où l'on commence à s'intéresser aux filles, ma mère nous interdisait de « couratter » pour ne point ressembler à nos camarades qui galopaient de jupon en jupon, comme de vrais « couratiers » qu'ils étaient. Au lycée, en tombant, on « s'écorcelait » les genoux. Aux billes, certains « faisaient filou » ou « frouillaient ». Lorsqu'un de nos camarades bien vêtu, de l'argent plein les poches, nous snobait, on chuchotait qu'il faisait son « faramelan ». Embrasser nos mamans avec des baisers sonores sur les joues, c'était « faire péter les miailles ». Nos pauvres mères nous mettaient en garde contre les « cancornes », les « gambelles », les « ganipes », femmes de mauvaise vie exerçant leur coupable industrie sur les trottoirs entourant la place Grenette.

Tous ces mots d'autrefois collaient tellement à la peau des Stéphanois que, même parfaitement éduqués, exilés à Paris ou ailleurs, ils en usaient encore volontiers. Pour ma part, je crois qu'il m'a fallu atteindre la soixantaine pour admettre que « débarouler » (au long d'un escalier ou d'une pente) n'était pas français.

1907 fut l'année de mon premier anniversaire et celle de la naissance d'Arsène Lupin qui m'accompagnerait longtemps et est encore un familier de ma vieillesse, grâce à mes amis Boileau et Narcejac. Cependant, 1907 fut aussi l'année de la révolte des vignerons du Midi (déjà!) dont les colères étaient attisées par un petit bonhomme, Marcellin Albert, mis au pas par Clemenceau. Je n'ai appris que beaucoup plus tard cet incident de politique intérieure qui scandalisa mes parents : des soldats, refusant d'obéir à leurs officiers, mettaient la crosse en l'air! A la vérité, je fus mis au courant, quand j'avais sept ou huit ans, par le chant des grévistes auxquels s'opposait la troupe :

« Salut! Salut à vous, braves soldats du 17e! »

Il ne faudrait pas se figurer que la France riche et forte sous la férule bienveillante de M. Fallières vivait dans un monde paisible. Pendant que je mettais mes premières dents, mon père admirait le courage de Ferdinand Ier de Bulgarie se proclamant tsar et rompant tout lien de vassalisation avec la Turquie. Papa ne se doutait guère que, six ans plus tard, il ne trouverait pas de mots assez cruels pour fustiger ce même Ferdinand qui venait de s'allier à Guillaume II ! Pendant ce temps, ma mère et ses amies riaient de ces « bonnes femmes » – les suffragettes – qui s'enchaînaient aux grilles de la Chambre des communes.

Si 1909 fut, pour les autres, l'année où le roi Albert Ier succéda à son oncle, Léopold II, où Blériot réussit l'exploit de traverser la Manche, pour moi, elle est restée l'époque où je fis la connaissance avec l'abus de confiance, où je perdis un peu de la foi aveugle que j'avais en mes parents. Ceux-ci m'avaient promis une petite sœur pour le mois d'août. Je tenais beaucoup à cette compagne de jeux à venir. Hélas !... La fillette qu'on m'assurait avoir été commandée et payée se mua – sans que je comprisse par quelles étranges manœuvres – en un garçon. C'était ma rencontre avec le mensonge. J'en voulais à ma mère que je rendais responsable de cette escroquerie ruinant mes tendres espérances. On m'invita à embrasser le nouveau-né. Je résistai de toute la force de mes trois ans, en criant, l'esprit encore encombré par la sœurette perdue :

– Elle me conna pa ! Je la conna pas !

On me fit céder avec une pièce de deux sous en bronze à l'effigie de Napoléon II. Pourtant, j'avais bien des raisons d'en vouloir à ce frère poussant ses premiers vagissements. D'abord, parce qu'il avait frauduleusement pris la place de ma compagne mythique, ensuite parce qu'il me privait de ma position privilégiée de « couassou » (dernier-né), enfin parce que, à cause des soins et attentions que cet imposteur réclamait (qui répondait au prénom de Robert, et que, pour l'heure, j'écoutais s'épuiser en rrrrr ! et ge ge ge ! avec un mépris hautain), on me colla en classe. J'encombrais. L'abominable Robert qui me dépouillait, ayant vu le jour en août, dès la dernière semaine de septembre on me prépara pour le sacrifice et un matin d'octobre, chaussé à neuf, portant un tablier de serge noir, un col en Celluloïd (sur lequel on crachait pour effacer, avec le mouchoir, la trace des doigts), on m'invita à faire mes débuts à la recherche de la culture. Il est exceptionnel qu'un enfant se montre enthousiasmé à la perspective de quitter le giron maternel pour une salle de classe à la laideur hostile. En 1909, l'Instruction publique se souciait peu de l'état des locaux où ses prêtres et ses rares prêtresses officiaient. Ces décors sinistres expliquaient, en partie, les angoisses des bambins au moment d'entrer dans l'école et les poussaient à bramer de désespoir. Il est vrai qu'aujourd'hui, la clarté inondant les salles, le confort qui les y attend ne console pas plus les petits que la crasse d'autrefois. La détresse des gosses brusquement arrachés à la quiétude douillette de leurs foyers se continue, inchangée, à travers les générations. Il n'est, pour en prendre conscience, que de regarder à la T.V. ces immuables reportages sur la rentrée des classes. Ce sont toujours les mêmes enfants incompréhensifs, affolés, regardant s'éloigner des mamans qu'ils se figurent ne plus vouloir d'eux. Garçonnets et fillettes perdus (puisqu'ils le croient) sanglotent, égarés dans une souffrance que seule celle qui s'en va pourrait apaiser.

J'ai toujours été convaincu que le cerveau du jeune ressemble à une cire vierge où les premières impressions creusent des sillons que rien n'effacera. Ainsi s'expliquent ces réminiscences qui, brusquement, font chanter dans la mémoire du vieil homme des poésies apprises avec peine trois quarts de siècle plus tôt. L'enfance, bel et ultime refuge vers lequel se retourne souvent l'agonisant qui s'entretient alors avec des petits garçons et des petites filles sortis de la nuit approchant et d'un lointain passé. Au chevet des mourants, on s'étonne de ces prénoms inconnus balbutiés par les lèvres déjà décolorées. Ils sont ceux de gosses d'un temps révolu qui, invisibles pour les bien-portants, s'approchent de celui ou de celle vivant ses ultimes moments, qui poussant un cerceau, qui berçant une poupée, mais nimbés d'une lumière particulière.

Des parfums regrettés

J'ai, pour ma part, gardé intact et précis le souvenir du jour de la rentrée scolaire, un lundi d'automne où, tenant ma mère par la main, je traversai la place Marengo, remontai la rue de Lodi, tournai à droite dans la rue Brossard où se nichait l'école des demoiselles Depaix (j'écris phonétiquement le nom de ces vieilles demoiselles depuis si longtemps disparues) qui se chargeaient d'enseigner le rudiment. Mes débuts furent pénibles et, dès le second jour, chaque matin, quand sonnait l'heure de se préparer pour l'école, je me battais contre celle qui m'habillait, je hurlais, je pleurais jusqu'au moment où mon père apparaissait. Il n'avait nul besoin de m'adresser le moindre reproche, de proférer la plus légère menace, sa seule présence me terrifiait et, sous son regard sévère, j'avalais mon Phoscao, dévorais mes tartines et, cramponné au bras de la bonne – ma chère Christine –, je partais vers le lieu de mon supplice quotidien, ma mère étant toujours absorbée par les soins donnés à l'infâme Robert, devenu Bob.

Des parfums regrettés

Le samedi, toutefois, maman venait me chercher à l'école et je me souviens de cet enivrement qui était le mien lorsque je lui montrais le ruban rouge de la croix d'honneur illuminant mon tablier. Tandis que tous deux, nous parcourions en sens inverse le chemin couvert à l'orée de l'après-midi, je bombais le torse afin que les gens nous croisant puissent bien voir ma médaille. Quand, soixante-sept ans plus tard, mon ami Michel Durafour, alors ministre, épingla la Légion d'honneur au revers de mon veston, mon esprit exécuta un bond dans le passé (c'est l'histoire de la madeleine de Proust) et je me retrouvai côte à côte avec le bambin que j'avais été, exhibant fièrement, dans les rues d'un Saint-Étienne dont seuls les plus âgés se souviennent, sa médaille. Pour être franc, la première croix avait beaucoup plus chatouillé ma vanité que la seconde.

J'ai gardé longtemps une rancune tenace contre ma mère que j'estimais m'avoir abandonné au profit d'un autre, pourtant je n'ignorais pas que c'était mon père qui commandait et que, lorsqu'il avait décidé, toute opposition était balayée d'où qu'elle vînt. Ce père possédait une âme spartiate. Il entendait me forger la même. Il n'y est jamais parvenu et il m'en voulut. Cependant, son indifférence à mon égard tenait surtout à ce qu'il marquait une préférence avouée pour mes frères : l'aîné, Jean, parce qu'il lui rappelait, sans doute, une ombre chère, le cadet, Bob, à cause de ses cheveux blonds et bouclés (comme s'il avait souhaité se faire pardonner d'avoir pris la place de la fillette tant espérée), alors que j'étais aussi sombre de poil et de peau que mon vainqueur se montrait frais et rose. J'en ressentais une jalousie certaine, aussi lorsqu'il m'arrivait de me trouver seul auprès du berceau où gazouillait l'imposteur, je lui pinçais le nez ou lui tirais les oreilles, jusqu'à ce que ses cris indignés et désespérés attirent des femmes inquiètes qui me voyaient assis sur un pouf et hypocritement absorbé dans un livre d'images. Avec mon aîné, je

M. et Mme Exbrayat et leurs trois fils :
Jean en soldat, Charles à gauche, Robert devant.

m'entendais bien quoique notre différence d'âge nous cantonnât dans des univers différents.

L'année 1910 fut celle où, par suite du débordement de la Seine, Paris devint une sorte de Venise, celle aussi de la mort d'Édouard VII, « le roi de Paris », le souverain anglais qui, dans l'histoire entière de la Grande-Bretagne, acquit la plus grande popularité chez nous. Son fils, le triste George V, lui succéda. 1910 demeure dans ma mémoire comme le temps des hontes dont j'éprouve encore un arrière-goût amer en 1982. Ces hontes, je dus de les ressentir à ma mère d'abord, à mon père ensuite.

C'était l'époque où faisait fureur la mode ridicule des robes entravées qui obligeaient les Françaises – fussent-elles bien en chair – à marcher comme les Chinoises aux pieds atrophiés de la Chine impériale. A la fin d'une matinée printanière, maman, qui me remorquait, voulut monter dans le tramway à l'arrêt de la place Marengo. Par suite de sa taille, ma génitrice pouvait, quand il le fallait, avancer à grandes enjambées. Ce jour-là, ayant sans doute oublié qu'elle portait une robe entravée, ma mère leva le genou pour escalader le marchepied. La fameuse robe agit alors à la façon d'un lasso et, dans la seconde qui suivit, maman « s'applatait » sur les pavés, le beau chapeau à aigrettes « de bisangoin » sur le front et son manchon presque sous les roues de la motrice. Persuadé d'être orphelin, je braillais de désespoir tandis que l'auteur de mes jours essayait vainement de se relever, les chevilles quasi ligotées par sa robe. Heureusement, un officier du 14e dragons, portant tunique noire, monocle vissé dans l'orbite, ganté de blanc, se précipita, releva ma mère et, après les remerciements d'usage, s'éclipsa, non sans avoir ôté son képi pour baiser la main de maman sous les yeux éberlués des passagers du tram reprenant sa route. De cet incident, l'image que j'ai essentiellement gardée est celle du crâne de ce dragon qui s'inclinait et dont la chevelure était partagée en deux plaques – également calamistrées – par une raie médiane dont la largeur insolite donnait à penser qu'elle avait été travaillée au rasoir.

Ma seconde et honteuse aventure se situe au mois de juillet suivant, un dimanche, par un soleil éclatant dans un ciel bleu. Mes parents, mes frères et moi étions partis pour une promenade estivale, chère aux cœurs des Stéphanois : on prenait le tram place Dorian, on se rendait au Rond-Point où la campagne poussait ses avancées. Ensuite, les enfants marchant devant, par des chemins rustiques, on gagnait un lieu-dit, le Jaune, où, sous une tonnelle, on buvait des panachés en regardant jouer aux boules. Je me rappelle que, ce jour-là, j'étrennais avec mes frères un costume marin à blouse blanche. Sur nos têtes, un chapeau de paille dit « Jean-Bart » affirmait la foi de ma mère – comme beaucoup de ses contemporaines –

« Les promenades estivales chères au cœur des Stéphanois… »

dans la marine nationale et surtout dans l'installation irréversible de la belle saison. Pour une fois, mon père jouait avec nous et faisait mine de nous courir après en feignant de vouloir nous frapper les mollets de sa canne. On se déplaçait à reculons en riant aux éclats. Ce dimanche exceptionnel ne nous aurait laissé qu'un beau souvenir si le chemin que nous suivions n'avait, à un certain endroit, dominé une fosse à purin. Soudain, je sentis le sol se dérober sous mes pas et l'épouvante de la chute ne s'apaisa qu'au moment où, parvenu au terme de mon voyage involontaire, je me redressai pour constater que je barbotais dans un liquide doré et puant. Ce qu'il était advenu de ma blouse blanche défiait toute description. Unique et maigre consolation, mon chapeau sortait indemne du désastre. Le retour de promenade fut beaucoup moins brillant que l'aller. Il y eut, d'abord, une longue séance à une source, où maman, usant tous les mouchoirs de la famille, tenta d'enlever de mon costume le

plus gros et d'atténuer les taches les plus
épaisses. On regagna le Rond-Point en m'obli-
geant à précéder tout le monde de dix mètres,
à la façon du lépreux dont on redoute l'ap-
proche et, plus encore, le contact. Un cocher
compatissant accepta de nous ramener place
Marengo.

Ces promenades dominicales, le plus souvent, se déroulaient dans la ville et composaient
les distractions essentielles de ce temps. Pourtant, ni ma mère, ni mes frères, ni moi ne pri-
sions beaucoup ce genre de divertissement trop
solennel et ressemblant plus à un rite qu'à un
délassement. Pour nous les garçons, c'était, très
vite, devenu une corvée. Je nous vois encore,
en ces débuts d'après-midi ! On sortait et à
peine débouchait-on sur le trottoir que mon
père ordonnait :

– Les petits, passez devant.

Alors, commençait une sorte de procession
qui durait la moitié de l'après-midi. Saint-
Étienne est traversé, du nord au sud, par une

voie longue de plus de sept kilomètres qui est l'artère principale où les classes sociales se distinguaient selon l'emplacement qu'elles y occupaient. La place Marengo, où nous habitions, constituait le centre médian de cette immense rue. Vers le sud, il était déconseillé de loger au-delà de la place Badouillère. En direction du nord, vivre plus loin que la place Carnot n'eût pas été bien vu. Naturellement, certaines voies adjacentes, partant de cette portion « distinguée » de la Grand-Rue, étaient également riches de beaux immeubles où sommeillaient de solides fortunes... en or.

Cette Grand-Rue, dont la longueur décourage le promeneur, tant il a l'impression de ne pas avancer quels que soient ses efforts (un peu ce qu'on éprouve lorsqu'on marche dans la Beauce en direction de Chartres), se termine au sud par la place Bellevue et au nord par la Terrasse. Les dimanches d'automne, nous montions vers Bellevue, les dimanches d'hiver, nous descendions vers la Terrasse. A l'aller, on suivait le trottoir de gauche, au retour, celui de droite. Les seuls événements qui rompaient la monotonie de ce lent carrousel tenaient aux salutations que nos parents échangeaient avec d'autres promeneurs que nous croisions. Un ennui résigné.

Notre revanche avait lieu le jeudi. Ce jour-là, nous sortions avec notre mère pour faire des courses, c'est-à-dire harceler les artisans dont les services s'affirmaient indispensables pour remédier aux malheurs – grands ou petits – constituant le lot quotidien de ceux et celles qui, autrefois, avaient la chance d'habiter d'immenses appartements. Avec maman, il n'était plus question de protocole, de figures de politesse, de danses rituelles. Elle fonçait, entourée de ses petits, l'aîné remorquant le cadet, le « couassou » accroché à la jupe ou au manteau maternel. On suivait les rues pittoresques du vieux Saint-Étienne – où le travail bien fait constituait, traditionnellement, l'orgueil même des plus déshérités – et on y humait les odeurs de tâches multiples. De temps à autre, sur le seuil de petits ateliers plongés dans une ombre qui ne laissait rien deviner, apparaissait un bonhomme, les lunettes de fer relevées sur le front, qui s'essuyait les mains sur son tablier d'étoffe grossière, la basane. Pour se détendre, tout en roulant une cigarette, l'artisan bavardait avec l'ami logé de l'autre côté de la rue. Ah ! les beaux après-midi où nous nous promenions à travers un peuple bon enfant, heureux de vivre, moquant les curés, mais expédiant femmes et gosses à la messe de dix heures, le dimanche, s'emportant contre l'armée qui lui prenait ses fils, mais toujours prêt à en découdre avec l'Allemand à qui on ne pardonnait pas de nous avoir volé l'Alsace et la Lorraine. Quoique ma mère n'appartînt nullement à ce milieu de travailleurs manuels, son aimable caractère la faisait s'entendre avec tout le monde. Elle usait spontanément (habitude qu'elle conserva jusqu'à sa mort) de termes « gaga », ce qui enchantait ses interlocuteurs.

« La rue citadine redevenait village. » (Roger-Viollet)

Des parfums regrettés

Il arrivait que notre quatuor flânât trop longtemps dans ces quartiers où le tard de l'heure
poussait les gens hors de leurs maisons (on
s'éclairait au pétrole qu'il fallait économiser le
plus possible) et, assis sur le seuil, ils man-
geaient la soupe dans leur « gandot » tout en
bavardant avec les voisins. Le coin bruissait de
nouvelles soit heureuses soit tristes touchant
ceux et celles qui y demeuraient. Avec le soir,
la rue citadine redevenait village.

Dès notre arrivée à la maison, maman s'in-
quiétait de savoir auprès de Christine – la
bonne d'enfant-femme de chambre – si
« Monsieur » était déjà là. Sur sa réponse néga-
tive, maman exhalait un profond soupir de
délivrance et me confiait à Christine dont
j'étais le chouchou. Il est vrai que je l'aimais
presque autant que l'auteur de mes jours, d'autant plus que celle-ci réservait la plus grande
partie de son attention et de ses soins à celui
qui m'avait détrôné.

Beaucoup de sottises ont été écrites sur les

domestiques du début du siècle. A en croire les intellectuels de gauche dont les neuf dixièmes ne parlent que par ouï-dire, les servantes des maisons bourgeoises ressemblaient aux serfs du Moyen Age. Ils en donnent pour preuves les interdits imposés par leurs maîtres à celles qui entraient en condition. A gauche, on a du cœur ! Malheureusement, dès qu'on aborde le domaine de la politique intérieure ou extérieure, le cœur prend la place de la raison. Souvenez-vous de Jaurès qui bénéficiait du respect de tous, de l'affection du plus grand nombre et qui, sur presque tout, s'est trompé de la meilleure foi du monde parce qu'il voyait les hommes, non pas tels qu'ils étaient mais tels qu'il aurait voulu qu'ils soient. Il devait mourir de ses illusions.

Pour parler de la domesticité d'autrefois, sans dire ou écrire trop de bêtises, il faut d'abord comprendre que les domestiques appartenaient à un univers à part, celui des « gens de maison », univers ayant ses lois, sa hiérarchie qui s'établissait même à l'intérieur d'une catégorie déjà privilégiée. Par exemple, parmi les cuisinières, celle servant chez les riches Dupont, où l'on recevait beaucoup sans trop regarder à la dépense, prenait spontanément le pas sur sa consœur employée chez des bourgeois contraints de veiller à la dépense. Chaque année, les gens de maison organisaient un ou deux bals à eux seuls réservés et ordonnés par des maîtres d'hôtel chevronnés. Sans doute, les domestiques mâles n'avaient droit ni à la moustache ni à la barbe. Plus qu'à une brimade, cet interdit relevait d'une hygiène mal comprise. On était loin des apprentis cuisiniers d'aujourd'hui dont les cheveux gras leur tombent parfois dans le cou, jusque sur le dos.

Pour trouver à se faire servir, il fallait passer par les servantes de maisons amies dont les relations de métier permettaient de savoir si telle de leurs consœurs désirait quitter sa place, si une autre n'avait pas une parente campagnarde souhaitant venir à la ville pour entrer en condi-

tion. Le plus souvent, cependant, on avait
recours au placeur. Je me souviens parfaitement
de celui auquel ma mère s'adressait. Il était
« suisse » à l'église dont ma famille dépendait
et, chaque dimanche, le merveilleux costume
de ce « suisse » frappant le sol de sa hallebarde
m'emplissait d'une admiration béate. Je me
promettais, lorsque je serais grand, de devenir
« suisse » à mon tour et je ne doutais pas que,
le moment venu, mes parents ne soient très
fiers d'avoir un fils aussi somptueusement vêtu.
Mon « suisse » était d'une incroyable maigreur.
Son teint avait pris la couleur des cierges à moitié consumés. Une énorme moustache dissi-
mulait le bas du visage. Un lorgnon, attaché à
l'oreille par une chaînette, masquait un regard
de souris. Le placement des domestiques arron-
dissait le maigre salaire d'un employé de mai-
rie, qui n'était libre qu'à partir de six heures
du soir. Cet intermédiaire, en qui le quartier
avait une confiance absolue, n'ignorait rien de
ses paroissiens, de leurs goûts, de leurs exi-

gences, de leurs caractères. Il n'aurait jamais proposé à Madame Martin, dont il n'ignorait pas la préciosité, une autre servante qu'une personne coquette et habituée au grand service. Au contraire, pour Madame Antoine, avec ses cinq enfants, il fallait une fille robuste, davantage rompue aux travaux ménagers qu'aux tâches de salon.

Les personnes désirant se placer s'asseyaient sur des bancs, côte à côte, dans une salle aux murs blanchis à la chaux. Le groupe des cuisinières ne frayait pas avec le reste des solliciteuses parce qu'elles se tenaient pour les aristocrates de la profession à une époque où l'art du bien manger était fort à l'honneur. D'ailleurs, alors qu'une bonne d'enfant débutait à quinze francs par mois, une cuisinière expérimentée touchait jusqu'à quarante-cinq francs. Le placeur laissait ma mère passer lentement devant le troupeau immobile des femmes puis, son inspection terminée, le rejoindre dans un bureau exigu, meublé d'une table en bois blanc et de deux chaises. A travers un judas percé dans la porte donnant sur la salle d'attente, maman montrait celle qu'elle avait choisie. En quelques mots, le « suisse » faisait connaître les états de service de la femme désignée qu'on appelait alors pour la soumettre à un interrogatoire serré quant à ses qualités et à son savoir-faire. On discutait la mensualité réclamée et on établissait un emploi du temps qui, pris à la lettre, n'aurait pas permis à la servante de se rendre aux toilettes deux fois par jour. Mais personne n'était dupe, pas plus la domestique que sa patronne. Toutes deux savaient qu'aussitôt dans la place, la nouvelle venue n'en ferait qu'à sa tête. Très vite, pourvu qu'elles ne fussent point sottes, ces bonnes prenaient en main la direction matérielle de la maison, ce dont tout le monde se félicitait. Dans ces âges préhistoriques, on avait mutuellement confiance et l'honnêteté, la probité, le respect des engagements étaient tenus pour vertus cardinales auxquelles nul n'aurait osé manquer. De plus, ces filles entrant au service des bourgeois ne savaient, le plus souvent, rien faire en dehors des besognes ménagères (les femmes ne se glissèrent dans les usines qu'au cours de la Grande Guerre) et n'avaient pas d'autres débouchés si elles désiraient échapper à l'existence campagnarde, soit parce qu'elles ne se plaisaient pas dans les travaux des champs, soit pour soulager le budget familial (une personne en moins à nourrir). Rapidement, ces paysannes, sexuellement très calmes (souvenons-nous des tabous à l'époque et de la sévérité des mœurs), s'intégraient au foyer où elles s'attachaient aux enfants que, souvent, elles élevaient ou aidaient à élever. Il n'y avait pas d'assurances sociales, alors, mais on n'envoyait pas les domestiques malades à l'hôpital, on les soignait à demeure, sous peine de déshonneur, et on leur constituait souvent une petite rente pour leurs vieux jours. Quand il arrivait qu'une de ces vieilles servantes mourût, on l'enterrait presque toujours dans le caveau de la famille.

Des parfums regrettés

Je revois encore un des fabricants de rubans des plus importants de la ville pleurant à chaudes larmes derrière le cercueil d'une domestique octogénaire.

En somme, ce qui scandalise nos contemporains étudiant les mœurs en usage à l'époque de leurs arrière-grands-pères tient dans les apparences de la condition domestique et leur erreur est de n'avoir pas compris qu'il ne s'agissait, le plus souvent, que d'apparences.

En 1911, je ne me souciais guère du vol de *La Joconde* qui mit en émoi le monde artistique, ni du début du règne de Raspoutine dont ma mère et ses amies s'entretenaient avec la mine gourmande de chattes mettant abusivement leurs museaux dans le pot à lait. Mon très jeune âge m'empêchait également de partager l'indignation paternelle quant au coup d'éclat de Guillaume II envoyant sa canonnière *Panther* mouiller dans le port d'Agadir. La raison de mon indifférence totale à ce dont débattaient mes parents et les familiers de la maison tenait – en dehors de l'inconscience de mes cinq ans – à un mal affolant les miens : la coque-luche.

Au printemps, on m'avait emmené, en fiacre, au premier ou à l'un des tout premiers meetings d'aviation dans la banlieue stépha-noise. J'assimilais les aéroplanes que je voyais, parfois, dans le ciel (car ils ne volaient pas bien haut) aux grands cerfs-volants que certains de mes contemporains fortunés (ou ayant des papas bricoleurs) envoyaient dans les nuages sur les collines dont le site de Saint-Étienne est bossué. Mon étonnement quant aux aéroplanes tint longtemps à ce que je ne parvenais pas à distinguer les cordes qui, selon moi, devaient rattacher les machines volantes à la terre et ser-vir à les y ramener. Du meeting, je retins, en plus des images colorées des différents appa-reils, seulement l'inquiétude, puis l'angoisse, enfin le désespoir des spectateurs se rendant compte que leur favori, sur son monoplan rouge, avait disparu depuis plus d'un quart d'heure. Déjà, la certitude s'imposait qu'il ne reviendrait jamais, quand il reparut, transformant en cris enthousiastes les sanglots secouant les spectatrices que leurs énormes chapeaux transformaient en fleurs. J'ignore si cette bien lointaine aventure est responsable de mon aversion pour les transports aériens mais, depuis lors, elle demeure aussi solide que ma mémoire.

A partir de ce jour d'automne où je fis connaissance avec le plus lourd que l'air, je me montrais grognon, patraque et n'avais que très rarement envie de jouer, en dépit des avances de mon jeune frère, mon meilleur copain depuis qu'il marchait. Ma mélancolie finit par alerter ma mère qui appela notre vieux médecin de famille à la rescousse. C'était un homme qui avait dépassé, sans doute, la soixantaine et qui, nous ayant mis au monde, jouait le rôle d'un grand-père à éclipses. Il dut m'ausculter longuement pour conclure : « Il doit couver quelque chose. » Diagnostic qui affola ma mère et inquiéta mon père. Il faut tenter de comprendre qu'en ces premières années du siècle on n'était pas très armé contre la maladie et que, dans les foyers, on avait toujours recours aux remèdes de « bonne femme » transmis de génération en génération. Par exemple, les pétales de lys macérés dans l'huile s'affirmaient, paraît-il, souverains contre les brûlures et l'eau sédative guérissait les maux de tête. Pour les affections des bronches et des poumons, il n'y avait guère que les pastilles, les sirops, les ventouses (réservées aux adultes) et les cataplasmes.

En réalité, je couvais la coqueluche, princesse des épouvantes maternelles, surtout quand il y avait des frères et des sœurs. Après deux ou trois semaines de toux nocturnes qui irritaient ceux dont je troublais involontairement le repos, ce furent ces grandes quintes faisant penser au chant du coq. L'étonnante thérapeutique de l'époque obligeait ma mère à me sortir par tous les temps. Aussi pouvait-on voir, dans la neige, sous un ciel bas, dans la froidure et l'humidité, une dame marchant à grands pas en remorquant un bonhomme de cinq ans, pleurant, râlant et suffoquant. Bientôt, la présence de mes frères contraignit mes parents à envisager mon éloignement afin d'écarter la contagion dont mon aîné et mon cadet auraient pu souffrir.

Ma grand-mère Louise, après son second veuvage, avait regagné sa ville natale, Grenoble, avec ma tante âgée de douze ans et sa propre mère, Jeanne, sur le moment de fêter son quatre-vingt-cinquième anniversaire. On décida de m'expédier chez mes aïeules. (Je n'ai jamais compris pour quelles raisons on avait estimé que ma tante ne risquait pas d'attraper, à son tour, la coqueluche.) J'allais vivre en Dauphiné des mois que je ne devais jamais oublier tant j'y fus heureux, et c'est peut-être à cause de ce climat euphorique que je suis devenu un fervent stendhalien, bien que mon héros se soit montré fort injuste envers sa cité comme il le fut à l'égard de certains de ceux qui traversèrent son existence.

Ma bisaïeule – fort loin de moi par l'âge, ce qui amenait une sorte d'indifférence incompréhensive – était une grande femme sèche, brune, coiffée à bandeaux et qui gardait de ses origines basques un teint sombre et une sévérité de mœurs qui transparaissait dans son maintien et sa vêture. Elle se tenait très droite et marchait d'une allure superbe, toujours armée d'un parapluie qui, dans sa main, devenait sceptre. Lorsqu'un lycéen ne lui cédait pas assez promptement le passage, elle le frappait légèrement aux jambes en ordonnant, impériale :

– Place, jeune homme, place !

L'autorité de l'arrière-grand-mère s'imposait aussi à la maison. Elle régentait ma grand-mère et ma tante qui, jamais, n'auraient osé lui désobéir, voire simplement la contredire. Jeanne était, comme sa fille, veuve d'un officier. Elle était venue au monde dans les derniers jours du règne de Charles X. Profondément patriote, elle avait vécu à Paris pendant la Commune et gardait une hantise de l'arrivée subite de communards (avec quarante ans de retard !) dans sa maison. Pour s'en défendre, le cas échéant, elle ne se couchait pas sans avoir glissé, sous son oreiller, un long poignard à lame de fer.

A table, pendant les repas, j'étais assis à côté de ma mémé que j'adorais. Ma jeune tante me faisait face et ma bisaïeule regardait sa fille. Or, ma grand-mère et moi abhorrions le potage de riz au lait que mon arrière-grand-mère appréciait beaucoup, ce qui fait qu'on en servait souvent. Devant nos assiettes, ma grand-mère et moi faisions triste mine jusqu'au moment où la reine du clan décrétait :

– Mange ta soupe, Louise !

Il n'y avait plus qu'à se soumettre, ce que faisait la « fillette » aux cheveux gris. J'étais bien forcé de l'imiter.

Vibrant du même enthousiasme patriotique que sa mère, ma grand-mère m'entraînait aux retraites militaires du samedi soir, ainsi qu'à Saint-Étienne. Seulement à Grenoble, ce n'était plus la Ligne mais les chasseurs alpins dont on connaît la marche accélérée difficile à suivre pour une dame mûre et un militariste de cinq ans. Ma grand-mère tournait la difficulté en se précipitant à travers ruelles et traboules, d'un point de passage à un autre. Ces soirs-là, mes rêves avaient les Allobroges pour fond sonore.

A six ans, les impressions brutales se gravent profondément dans la mémoire des enfants. C'est pourquoi, jusqu'à mon ultime regard sur le monde, je me souviendrai du printemps de 1912. Tout commença un jour d'avril où mes parents affichaient un visage sombre. On était alors plus sensible aux malheurs des autres – fussent-ils inconnus et à l'autre bout du monde – et c'est pourquoi mon père et ma mère, les bonnes se montraient profondément affectés par le naufrage du *Titanic* où quinze cents personnes disparurent. En ces temps lointains, le peuple n'était pas encore travaillé, gâté par la politique et il ne venait à l'esprit de personne d'affecter l'indifférence, voire une secrète jubilation à l'annonce d'une catastrophe endeuillant surtout la classe sociale la plus riche. La peine de tous se doublait d'une humiliation car on vivait l'ère triomphante et inventive de la science. Le *Titanic* n'était pas seulement l'orgueil des Anglo-Saxons, mais de l'Europe occidentale. Sa terrible disparition devenait à la fois un échec, un coup d'arrêt donné à la marche en avant du progrès qu'on ne croyait même pas susceptible d'être ralentie. Dure leçon pour les adultes qui se croyaient déjà capables de détrôner les dieux. Prométhée est de tous les âges et sa courageuse obstination aussi.

A quelque temps de là, dans la nuit printanière, je fus arraché au sommeil, à trois heures

Des parfums regrettés

du matin, par ma mère accompagnée de ma
chère Christine que je n'avais jamais vue suc-
cinctement vêtue. Son aspect, pour moi insolite, me réveilla tout à fait. Jetant un coup d'œil
– pendant qu'on m'habillait – sur le petit lit
presque collé au mien, je constatai que mon
cadet dormait sans se soucier du monde exté-
rieur. Depuis que Bob, ayant atteint ou presque
sa troisième année, était devenu mon complice,
nous partagions les fessées et coups de martinet maternels ainsi que les punitions pater-
nelles. A travers les châtiments mérités, nous
nous étions reconnus frères. Je me contentai,
regardant le dormeur innocent, de demander
à maman :

– Pourquoi ?

– Papa n'est pas rentré. Je suis inquiète.
Nous allons nous rendre tous deux au journal,
voir ce qui se passe. Pourvu qu'il ne lui soit rien
arrivé ! Christine restera avec ton frère.

Le journal où travaillait mon père se trouvait rue Gérentet, c'est-à-dire de l'autre côté de

81

la place Marengo où nous habitions. Nous n'avions pas plus de deux ou trois cents mètres à parcourir. Aujourd'hui, aucune mère, quelle que puisse être son angoisse, ne s'encombrerait d'un aussi petit compagnon que moi pour un trajet aussi court. Il m'a fallu des années pour comprendre que, cette nuit-là, maman avait peur. De quoi ? Peut-être des apaches, dont les journaux provinciaux et parisiens relataient, avec force détails, les sinistres exploits ? peut-être de rencontres risquant d'attenter à sa vertu et dont ma présence la protégerait ? A la vérité, je pense plutôt que ma mère craignait d'être aperçue, sortant *seule*, la nuit, ce qui aurait pu donner à penser à des noctambules amis et discrets, qu'elle revenait de chez quelque amant pendant que son mari était occupé.

Après tant et tant d'années, il me semble humer l'odeur d'imprimerie que je respirai, pour la première fois, cette nuit-là. On en était encore à la fabrication artisanale du journal où journalistes et ouvriers œuvraient au coude à coude. Alors, quel que fût le métier exercé, on aimait le travail bien fait, dont on tirait un juste orgueil. Les ombres de notre couple étrange dansaient sur le mur de l'escalier menant à la rédaction. Mon père se tenait dans un bureau aux meubles énormes, recouverts de cuir et qui paraissaient capables d'affronter l'éternité. Je ne me rappelle plus les propos qu'échangèrent mes parents, en admettant que je les eusse compris. Sur le canapé où l'on m'avait assis, je me serais vite endormi si je n'avais, sur une table, attrapé une photo qui me fascina et qu'il me semble avoir toujours sous les yeux. Je ne pouvais savoir qu'il s'agissait de la photo de Bonnot que la police avait fini par abattre vers midi, dans une maison écartée de Choisy-le-Roi. Bien entendu, je ne me souciais guère des sinistres exploits de ce Bonnot et de sa bande dont j'avais entendu citer les noms, chez nous, à la cuisine, avec des voix délicieusement fêlées par des peurs imaginées et les douleurs que d'autres avaient endurées. Cette photo tragique me tint éveillé quoiqu'au bandit d'aujourd'hui je préférais celui d'hier, Ravachol, dont je trouvais le nom autrement joli que celui de Bonnot, et puis il était de notre région où on l'avait guillotiné en 1892. Le souvenir de ses affreux exploits demeurait tel qu'en parlant d'un garnement les braves commères s'exclamaient encore : « Un vrai Ravachol, je vous dis ! » Finalement, pour moi, la fin de la sinistre bande à Bonnot ne fut que le prétexte de ma première escapade nocturne.

Cette aventure personnelle m'avait autrement frappé que la guerre des Balkans que l'on commentait âprement à l'office où chacun se voulait contre les Turcs et souhaitait la victoire des Serbes, Bulgares, Grecs et Roumains alliés. J'ignorais où se trouvaient les Balkans (mes bavardes passionnées aussi) et qui pouvaient bien être ces Serbes, ces Grecs, ces Bulgares et ces Roumains dont on vantait les mérites.

Des parfums regrettés

Dans une civilisation si chatouilleuse quant à l'honneur, si tatillonne à propos de ce qui se fait et de ce qui ne se fait pas, il y avait presque toujours, dans les clans de la grande et de la petite bourgeoisie, un membre qui ne respectait pas les règles tenues pour intangibles parce que sacrées. Cet individu, mâle ou femelle, était le mouton noir se glissant dans les plus purs troupeaux, en un mot : la honte de la famille.

Chez nous, le rôle infamant du marginal était tenu par mon oncle Armand que je n'ai jamais vu qu'en photo et longtemps après sa mort. Tout lien avait été rompu avec lui car il avait commis le crime inexpiable aux yeux de mon père : il s'était dressé contre l'armée et, sous prétexte qu'il s'était réfugié chez ma grand-tante Armandine, sa marraine, mes parents avaient aussi brisé avec elle.

J'ai su, beaucoup plus tard, la pauvre aventure de mon oncle, ce colosse qui, avant de partir au service, soulevait sur son dos un billard avec un homme assis à chacun des quatre angles. Dans la ville où il tenait garnison, le tonton avait lié connaissance avec une sémillante coiffeuse qui ne lui fut point cruelle. A-t-on remarqué les ravages exercés dans les cœurs masculins par les représentantes de cet élégant métier? Les affaires allaient si gaillardement qu'Armand envisageait, son « temps » terminé, d'emmener sa coiffeuse dans la vallée du Rhône et de l'y épouser. La belle était consentante lorsqu'un méchant hasard la mit, avec son « fiancé », sur le chemin d'un lieutenant qui, tout comme l'oncle, devint follement amoureux de la coiffeuse. Sans doute, aux yeux d'une pareille sirène, un seconde classe n'avait-il aucune chance contre un officier. On se soucie peu de l'honneur dans les joutes amoureuses et le rival de mon oncle le collait de garde ou en salle de police, chaque fois qu'il avait rendez-vous avec sa belle. Celle-ci ne tarda pas à lui donner son congé pour se consacrer entièrement au séduisant lieutenant. Puni, trompé,

Des parfums regrettés

Armand sentit la moutarde lui monter au nez et un après-midi, alors qu'une fois de plus son rival le consignait à la caserne, l'oncle lui appliqua, de toutes ses forces – qui étaient grandes –, une paire de claques qui furent entendues de tout le quartier et expédièrent au sol le trop galant officier qu'il fallut longuement ranimer.

A cette époque, on ne badinait pas avec la discipline, et si le lieutenant – une fois l'histoire et ses attendus connus – fut envoyé dans une autre garnison, c'est au bataillon d'infanterie légère d'Afrique (Bat' d'Af') que fut expédié Armand après jugement du tribunal militaire. Il y resta assez pour y ruiner complètement sa santé. Réfugié à Chanas, chez Armandine, il mourut vers la cinquantaine, quasi impotent. Les sous-off' des Bat' d'Af' l'avaient sadiquement massacré.

La pitié – peut-être le remords ? – poussa mon père à assister aux obsèques de son frère et, à cette occasion, Armandine demanda à son neveu de lui envoyer ses trois garçons. Le mois suivant, mes deux frères et moi fûmes expédiés chez la grand-tante. Je revois une vieille femme aux traits fins, portant capote sur ses cheveux gris et une robe dont la traîne assumait les légers travaux de voirie dans le village. Armandine nous fit placer devant elle par rang de taille, nous remit à chacun un paquet de bonbons dits « pâte d'escargot », nous examina longuement et, pointant vers moi un index accusateur, décréta :

– Toi, mon pauvre gros, tu ne verras pas tes vingt ans...

C'était la seconde fois de ma jeune carrière qu'on me condamnait. Si Armandine avait déplacé son doigt de quelques centimètres, elle fût tombée juste, car mon malheureux frère Jean devait mourir six ans plus tard, tué lors d'une offensive dans l'Aisne. C'est lui qui n'atteignit pas sa vingtième année.

Pour la plupart des enfants stéphanois de l'avant-Première Guerre mondiale, le Rhône symbolisait leur Midi et sa rive droite – le

Des parfums regrettés

Rivage – notre Côte d'Azur. Serrières, Saint-Pierre-de-Bœuf, Chavanay, Condrieu étaient nos Nice, Cannes, Antibes et Juan-les-Pins, et je pense que nous étions aussi heureux que les gamins d'aujourd'hui qu'on transporte par l'autoroute jusqu'à Bandol ou Sanary. Nous, nous allions lentement et nous mettions la journée pour arriver au fleuve. Les jeunes Français d'aujourd'hui ne peuvent comprendre que cette nonchalance se révélait le luxe d'une époque heureuse. Nous ne nous sommes jamais remis de sa perte qui est à l'origine de nos existences enfiévrées et absurdes.

A mes yeux, 1913 semblait devoir se fondre dans l'année qui l'avait précédée puisque la guerre des Balkans continuait à occuper l'ordre du jour. Les journaux étalaient en première page des photos horribles qu'on prenait soin de me cacher. Cadavres empilés, villages incendiés, loques humaines attachées au poteau où on les avait torturées ou fusillées. On ne se montrait pas tendre entre belligérants mais, cette fois, on avait redistribué les cartes, les Serbes et les Grecs unissant leurs efforts contre les Bulgares qu'ils rossèrent. Nos parents ne doutaient pas que ces tueries démentes préfiguraient les boucheries de 14-18 comme, quelque vingt ans plus tard, la guerre civile espagnole annoncerait le second conflit mondial. Je me rappelle essentiellement le désespoir sans limite de notre servante, Bernadette, qui attendait que son fiancé fût libéré par l'armée pour se marier et qui faillit « se périr » en apprenant que le service militaire était porté à trois ans.

Ma mère, laissant à l'office le soin curieux d'additionner les effectifs balkaniques, discutait âprement avec ses amies sur les motivations ayant poussé une Anglaise à se précipiter dans les pattes du cheval du roi, au derby d'Epsom. N'imaginant pas que cette Britannique se fût jetée volontairement sous les sabots du coursier, j'estimais qu'on menait beaucoup de bruit pour un accident qui n'avait rien, en soi, d'extraordinaire dans un monde où le cheval représentait toujours le vrai danger de la rue. Le monde des grandes personnes et celui des enfants ne s'interpénétraient pas comme aujourd'hui. Nos jeux, à condition de n'être pas dangereux, laissaient nos parents indifférents. Pour nous, nous ne comprenions pas grand-chose à leurs amertumes ou à leurs enthousiasmes lorsqu'il s'agissait d'un événement autre que familial. Ainsi, mon frère et moi restâmes éberlués de la fierté joyeuse de notre père, à l'automne de cette année-là, quand il nous eut annoncé solennellement qu'un Français, Garros, venait de traverser la Méditerranée sur son aéroplane. On s'en fichait totalement car nous étions encore à l'âge où l'on préfère les Indiens et les cow-boys aux plus grands exploits sportifs.

L'attitude paternelle relevait de ce chauvinisme qui, telle une urticaire géante, obligeait la France à se gratter à la moindre occasion que lui offraient les relations internationales. Certes, on détestait les Allemands, à cause des provinces perdues (nous, les gosses, nous rencontrions encore des hommes – sexagénaires, septuagénaires ou plus âgés encore – qui nous racontaient les batailles auxquelles ils avaient pris part dans leur jeunesse en 1870) mais nos parents nourrissaient une haine – qui, pour être plus doucement exprimée, n'en était pas moins profonde – envers l'Angleterre. On n'avait oublié ni Napoléon à Sainte-Hélène ni Fachoda (qui datait d'une quinzaine d'années) où nous avions été humiliés par Londres. Si bien que lorsque Carpentier abattit en quelques minutes le champion britannique « Bombardier » Wells, on cria, en toute bonne foi, qu'on avait effacé l'affront de jadis. Nombre d'années plus tard, je devais voir un boxeur français – Halimi – qui, vainqueur, sur un ring britannique, clama sa joie d'avoir vengé Jeanne d'Arc! Le brave garçon ne se rappelait plus qu'il avait abattu non pas un Anglais, mais un Irlan-

dais de même confession que lui et qui parta-
geait sa révérence à l'égard de la sainte brûlée
à Rouen.

Ce militarisme chauvin de la France d'avant
la Première Guerre mondiale se donnait libre
cours à l'occasion de la revue du 14 juillet. Ah !
ces soldats aux uniformes colorés dont la splen-
deur suscitait nombre de vocations. Ce « show »
(comme on dirait aujourd'hui) guerrier se
déroulait sous nos fenêtres de sept heures à
midi sur la place Marengo que la Grand-Rue
coupe en deux. Mes frères et moi avions la
chance de surplomber, du haut de notre balcon, le côté où se déployait la cavalerie que,
naturellement, nous préférions à l'infanterie. La
civilisation dans laquelle nous étions élevés
aimait les chevaux. Ce jour-là, on nous levait
plus tôt que de coutume et, dès que nous
avions procédé à notre toilette (que l'œil de la
bonne empêchait d'être trop rapide) et avalé
notre petit déjeuner, nous nous précipitions sur
le balcon, assez important pour ne point créer

de querelles de préséance. Sans bouger, tant nous étions captivés par le spectacle, nous regardions arriver et s'installer les uns après les autres, les dragons noirs et rouges, les cuirassiers dont le soleil faisait flamber les cuirasses, les chasseurs à cheval vêtus d'azur, les hussards, corsetés dans leurs brandebourgs, les spahis entraînant tous les rêves dans les plis de leurs grands manteaux écarlates. Les tuniques sévères des artilleurs donnaient une gravité lourde de menaces à l'ensemble. Parfois, des officiers d'infanterie venaient, de l'autre côté de la place, rendre visite à leurs collègues cavaliers. En fin de matinée, juste avant que ne commençât le défilé, le général commandant la place, suivi de son état-major, passait devant les troupes. Les ordres claquant dans un matin silencieux... Le chuintement soyeux des sabres arrachés à leurs fourreaux... Ce général, dont on distinguait mal le visage, nous fascinait avec son bicorne où un vent léger agitait de courtes et légères plumes blanches, sa tunique constellée de décorations, sa culotte de peau immaculée et ses bottes à chaudron. Les clairons répondaient aux trompettes et la foule, toutes classes sociales confondues, hurlait : « Vive l'armée ! » Il ne manquait jamais à ce spectacle rutilant quelques Alsaciennes et Lorraines, ce qui permettait à des anonymes de crier : « A Berlin ! », souhait déclenchant des applaudissements en réponse. L'anglophobie bourgeoise (et aussi l'anglomanie des snobs) ne touchait guère la classe ouvrière tout entière braquée contre l'Allemagne.

1913 avait marqué mes débuts au lycée, en dixième, dans la classe de M. Sabatier, un excellent vieillard qui nous gavait de bonbons pour adoucir, sans doute, les amertumes nouvelles de l'étude. C'est ainsi que j'assistai à ma première et « solennelle » distribution des prix dont les fastes se déroulaient selon un cérémonial précis en suivant une étiquette sans manquement. Le préfet présidait avec l'inspecteur d'académie. Avec eux, sur l'estrade, le repré-

sentant du général commandant la place, l'au-
mônier, le proviseur, le censeur et les professeurs agrégés en robe noire avec, sur l'épaule,
l'épitoge dont le ruban rouge ou jaune indi-
quait – ce que j'appris plus tard – qu'on avait
affaire à un scientifique ou à un littéraire. Les
harangues officielles terminées, le professeur,
dernier venu dans cet aréopage, prenait la
parole pour le fameux discours de distribution
des prix. Pourquoi, si longtemps après, me rap-
pelé-je les traits de ce jeune homme ? Je
l'ignore, mais je le revois lançant des impréca-
tions contre ceux qui risqueraient de perdre de
vue le devoir sacré qui s'imposait ou s'impose-
rait à nous : reprendre les provinces perdues.
J'ai encore dans l'oreille, à travers l'épaisseur des
années écoulées, sa véhémente péroraison :

« Et quand sonnera l'heure de la revanche,
vous cirerez vos bottes et vous partirez ! »

Sur ce, tous les élèves chantaient d'une voix
unanime et vengeresse :

« Ils nous ont pris l'Alsace et la Lorraine... »

Des parfums regrettés

Dès lors, il me semble difficile d'admettre que la France de 1913 n'ait pas été belliciste, contrairement à la légende pieusement entretenue, légende exigeant que notre pays ait toujours été contraint et forcé aux catastrophes qui ne dépendent pourtant que des seuls hommes.

Toutefois, si la distribution des prix nous était chère, cela tenait surtout à ce qu'elle symbolisait le prélude aux grandes vacances. Pendant deux mois, nous vivions à la campagne, dans des conditions matérielles modestes. Les gosses mettaient la main à la pâte (commissions, couvert, etc.), ce qu'on n'oserait plus guère leur demander aujourd'hui. Les familles ne filaient pas au diable pour se reposer, changer d'air ou se dépayser. Il suffisait de gagner les forêts et les prés du département et de s'installer dans des villages où les habitants, ignorant, pour la plupart, les nouvelles du monde, vivaient comme on vivait cent ans plus tôt.

En cet été de 1913, que nul ne savait être le dernier été de paix, mon père avait choisi

Des parfums regrettés

Marlhes pour notre villégiature estivale, dans un hôtel campagnard, toujours là. Sa vue me serre le cœur chaque fois que j'en longe la façade. Marlhes est à vingt-trois kilomètres de Saint-Étienne. Il nous fallait six heures pour couvrir le trajet ! Vers une heure de l'après-midi, nous prenions, place Grenette, une diligence attelée de quatre chevaux qui semblait surgir tout droit du milieu du siècle précédent. On démarrait dans le tintamarre des roues cerclées de fer sur les pavés. Évidemment, avec mes frères, nous implorions – sans succès – nos parents de nous laisser monter sur « l'impériale », près du postillon, pour voyager en plein ciel. Notre père comme notre mère demeuraient sourds à nos prières par crainte d'hypothétiques accidents. On s'entassait alors dans la voiture imprégnée d'odeurs venues de loin.

A peine abordions-nous le bas de la rude côte menant au col de la République, à la sortie de Saint-Étienne, au lieu-dit La Digonnière, que les chevaux ralentissaient leur allure pour passer au pas et bientôt s'arrêter selon un rituel auquel ils ne manquaient jamais. Le postillon descendait de son siège, ôtait sa casquette, ouvrait la portière pour annoncer :

— Messieurs... Pour soulager les chevaux ?

Cette injonction polie avait pour effet immédiat de vider la guimbarde de ses éléments mâles avec, en plus, les demoiselles encore assez jeunes pour n'être pas encombrées d'atours. Alors les chevaux repartaient, tous muscles tendus, et grimpaient au pas tandis que, derrière la voiture, nous suivions gaillardement. Nous montions pendant huit kilomètres une côte des plus rudes. Je revois mon père, coiffé de son canotier, portant un veston d'alpaga et s'autorisant, en raison du beau temps, un col mou, mais gardant des gants de fil gris.

Nous arrivions à destination vers sept heures du soir. Évidemment, cette lenteur ferait sourire nos cadets qui ne comprendraient pas que cette nonchalance même constituait l'essentiel de la douceur de vivre dans la France de cette

99

époque. Nos parents n'étaient pas encore des esclaves de la vitesse et, loin d'être asservis au temps, ils n'en tenaient pas compte.

Assez curieusement, nous, les trois garçons qui, à Saint-Étienne, étions soumis à une discipline sévère, sitôt que nous nous installions à la campagne, nous jouissions d'une liberté totale mais limitée, cependant, par l'intransigeante obligation de l'exactitude aux repas. Le reste de la journée, nous courions les bois et les champs. Je crois que ce fut dès ce moment, sans que j'en eusse conscience, que l'existence campagnarde m'envoûta. Je me pris d'une passion exclusive pour la nature au milieu de laquelle je vis totalement depuis un quart de siècle. Sitôt que je fus en âge d'avoir une opinion, je préférai *Les Géorgiques* à *L'Énéide*. Mes goûts n'ont pas changé.

De ce qui précède, il ne faudrait pas induire que mon enfance se déroula dans une France idyllique où chacun était heureux. Si je n'ai pas parlé du monde ouvrier et presque pas du monde de la terre c'est que, enfant de bourgeois, vivant dans un milieu bourgeois, nourri des balbutiements d'une culture bourgeoise, je ne connaissais les travailleurs manuels qu'à travers les artisans. Quant aux paysans qu'on fréquentait l'été, il n'y avait pas grand-chose à en dire, du fait qu'ils vivaient exactement comme avaient vécu leurs pères et leurs grands-pères avant eux. Si le fermier était assuré, au prix d'un labeur harassant et de tous les instants, de manger à sa faim, il n'en était pas ainsi des ouvriers agricoles que leurs patrons obligeaient à travailler comme des bêtes de l'aube à la nuit. (Ce sont toujours les malheureux qui se montrent les plus durs envers les malheureux.) Ils encombraient les hôpitaux quand ils étaient malades et remplissaient les hospices lorsque la vieillesse leur paralysait les membres. Les ouvriers citadins, aussi, finissaient souvent dans la misère, parce que non défendus contre les

accidents de la santé et le plus souvent réduits
– lorsqu'ils étaient dans la misère – à l'hypo-
thétique générosité patronale. La retraite était,
la plupart du temps, une condamnation sans
appel pour les plus pauvres, les moins pré-
voyants. Enfant, j'ai vu, sous mes fenêtres, des
hommes en haillons, certains pieds nus, brûler
des cercueils vides pour réclamer un aménage-
ment de la retraite ouvrière et montrer leur
dénuement. La bourgeoisie dénonçait, dans le
prolétariat urbain, un ennemi acharné dont il
fallait sans cesse se méfier. Seul le tocsin de
1914 devait fondre en une masse animée d'un
même idéal tous ces hommes qui, ne se
connaissant pas, se détestaient.

On imagine souvent que ceux ayant vécu des
périodes historiques ont dû avoir des prémo-
nitions, sentir pointer le malheur. C'est faux.
Aujourd'hui, quand j'évoque les premiers mois
de 1914 (à la façon des gens qui, parce qu'ils

ont échappé à un terrible accident, éprouvent une sorte de délectation morose à tenter de revivre les instants ayant immédiatement précédé la catastrophe, je ne revois que la page en couleurs du « Supplément illustré » du *Petit Journal* où une dame fort élégante tirait un coup de revolver sur un monsieur non moins élégant : Madame Caillaux assassinait Monsieur Joseph Calmette, directeur du *Figaro*. Un beau scandale qui fit bouillonner les salons provinciaux comme il agitait les boulevards parisiens.

Je dois reconnaître que mes souvenirs touchant les premiers mois de 1914 sont éclipsés par l'image de Charlotte à qui je dois un premier et très pur émoi amoureux. Elle était ma cadette d'un an. Je ne la vis qu'une fois – comme Dante, Béatrice – sur la coursière de Rochetaillée. Une rouquine qui la surveillait sympathisa avec ma bonne et, pendant trois heures, Charlotte et moi vécûmes côte à côte. Elle était brune, le visage encadré par des

103

anglaises. Elle portait une robe d'organdi, des chaussettes blanches, des chaussures noires à tige que fermaient des boutons. Quand l'heure et ma surveillante m'obligèrent à quitter Charlotte, j'éprouvai mon premier chagrin. Je n'aurais pas voulu la quitter jamais. Il y a de cela presque soixante-dix ans et, pourtant, la fillette vêtue d'organdi danse encore dans ma mémoire.

Au mois de mai, afin de fêter mon huitième anniversaire, mes parents m'emmenèrent au théâtre où je vis s'ouvrir devant moi ce monde enchanté de la scène dont je ne me suis jamais dépris. On jouait un mélodrame qui devait s'appeler quelque chose comme « Cœur de Française » et qui était, tout à fait, dans le climat du temps. Je ne me rappelle plus l'intrigue, mais ce dont je me souviens, c'est du tableau ayant le Pôle pour décor. Sur la banquise, un officier prussien en grande tenue démontrait, par son comportement – il tentait de courtiser de façon brutale une de nos compatriotes –, que le froid n'avait aucune prise sur son ardeur sexuelle et teutonne. Le casque à pointe et le grand sabre dans lequel il s'empêtrait parfois ne ralentissaient en rien la pression germanique subie par la petite Française. Triomphant, l'abominable sujet de Guillaume II arrachait les boutons du corsage de sa future victime et y plongeait une main salace, en retirait, non point un soutien-gorge, mais une interminable banderole tricolore ! L'assaillant en restait, un instant, pantois (il y avait de quoi !) avant de fuir devant le drapeau abhorré, sous les applaudissements enthousiastes du public, essentiellement composé de bourgeois. Cette ineptie romantico-patriotique donne une idée de l'atmosphère politique qui régnait en France au printemps 1914.

Tout s'aggrava le 28 juin lorsque, d'un coup de revolver, le Serbe Princip abattit l'héritier de la couronne d'Autriche-Hongrie, l'archiduc François-Ferdinand. Cet assassinat fit, à Saint-Étienne, l'effet d'un bâton fouillant une fourmilière. A chaque coin de rue, des messieurs tenaient des discours dont on devinait la véhémence aux gestes dont ils soulignaient leurs propos. En classe, nos professeurs avaient des visages graves. La distribution des prix de 1914 fut sans joie, ressemblant davantage à une cérémonie expiatoire qu'à une fête.

Puis ce fut l'assassinat de Jaurès qui meurtrit tous les gens de cœur et soulagea ceux qui voulaient la guerre-revanche. Ils étaient nombreux. Comme au théâtre, les revolvers de Madame Caillaux, de Princip et de Villain avaient frappé les trois coups traditionnels, le rideau pouvait se lever sur le drame le plus terrible de notre histoire.

Notre enfance heureuse s'achevait à l'orée d'une civilisation nouvelle qui allait naître dans les larmes et dans le sang.

Charles Exbrayat jeune écrivain.

Mme Exbrayat-Clarke, M. Exbrayat-Durivaux et les éditions Albin Michel remercient M. Jacques Plaine qui a rendu possible la publication de ce texte.

Sauf indication contraire, toutes les photographies proviennent des archives de la famille Exbrayat.

Cet ouvrage, composé
par I.G.S. - Charente Photogravure
à L'Isle-d'Espagnac,
a été achevé d'imprimer
par l'Imprimerie Floch à Mayenne,
pour les Éditions Albin Michel
en octobre 2000.

N° d'édition : 19297
N° d'impression : 49780
Dépôt légal : novembre 2000
Imprimé en France